この瞬間どこからでも、あなたの望む富はやってくる。

ディーパック・チョプラ
住友 進＝訳

サンマーク文庫

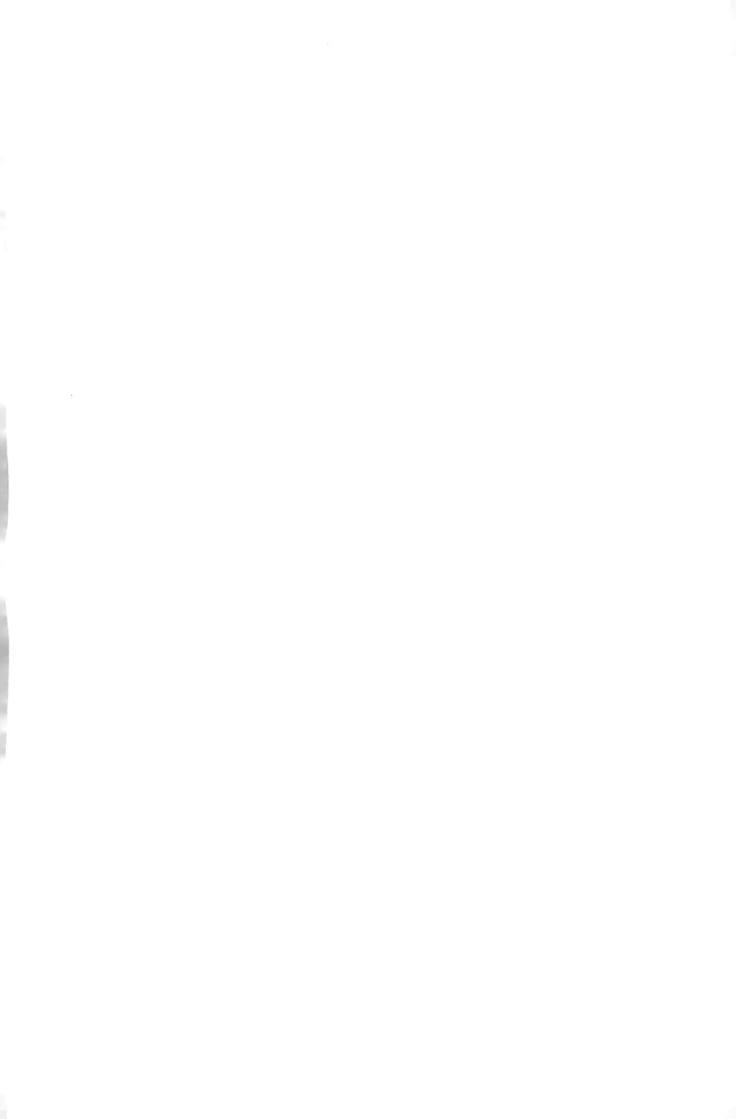

自らを献身的に捧げ、その見返りに
宇宙から素晴らしい富を受け取っているすべての人々へ

はしがき

「富の意識」と聞いて、たんなるお金儲けのことだと思われたなら、大間違いです。この意識を身につけるために必要なのは、人生を戦いではなく、自分の願望がすんなりとかなえられる素晴らしい冒険と考えられるようになることです。さらには、どこにいても美しいものを見つけ出したり、いつも感謝の心を忘れずにいたり、出会う人すべてに心を開くことができなくてはならないのです。

富の意識とは、心の状態のことです。自分に必要なものが手に入るよう祈っているだけではいけません。手に入る前にすでに自分のものになることを肌で感じ取らなくてはならないのです。

ディーパック・チョプラが、この素晴らしい本のなかではっきりと証明してみせているとおり、豊かさこそが人生の本来あるべき姿なのです。

本書に示された英知を最後まで読んで、わたしはある事実にはっと気づかされました。それは、わたし自身が人生に豊かさを創り出すために、本書で紹介されているのとまさに同じ原理を利用していたことです。これらは未来永劫《えいごう》、変わることのない原理です。本書を読んで、そこに説明されている方法を心に刻みつけることができたなら、以前には思ってもみなかったほど、人生が穏やかで、豊かさに満ちあふれていることに気づかされることでしょう。そのことはわたしが保証します。

愛と幸福に満ちた人生があなたのもとに訪れるようにお祈りします。

この世に生をうけたことを大切に!

リチャード・カールソン『小さいことにくよくよするな!』(小社刊)著者

序章

昔々の、ここからはるか遠くにあった国のお話です。ひとりの若者が森に行き、彼の師にこうたずねました。「わたしの願いは無限の富を手に入れることです。その富を使って世の中の人々を助け、癒《いや》してあげたいのです。人生に豊かさを創り出す秘訣を教えていただけませんか？」

師はこの質問にこう答えました。「どのような人間の心のなかにも、ふたりの女神がすんでいる。そして、誰もがこの女神たちを深く愛している。しかし、お前には知っておかねばならない秘密がある。それを教えよう」

「お前はどちらの女神も愛しているが、惚《ほ》れるのはひとりにしなくてはならない。それはサラスバティーという知識の女神のほうだ。この女神だけを追い求め、愛し、かまってやりなさい。もうひとりのラクシュミーは富の女神だ。お前がサラスバティーのほうばかりかまっておれば、ラクシュミーは激しい嫉妬《しっと》心をいだき、お前に関心を払うようになる。知識の女神を好きになればなるほど、富の女神はお前を追いかけてくるようになるのだ。お前の行くところならどこにでもついてきて、けっして離れようとはしない。これが、望んでいる富を永遠に手に入れる秘訣だ」

知識、願望、そしてスピリット（魂）にはパワーが秘められています。そして、内面に存在するこのパワーこそ、豊かさを創り出すための鍵なのです。

著者からのひとこと

この一冊の小さな本のなかに、わたしは人生にとってもっとも大切なことを詰め込みました。あなたには、本書を読んで、内容を実感し、心を新たにしてもらう必要があります。

本書をもっとも効果的に利用してもらうためには、まず一度、本書全体を読んでから、一日に五ページずつ読むようにしてください。読み終わったら、また最初に戻って読みはじめましょう。

こうして、本書を毎日読むことを一生の習慣にすれば、あなたの行く先々に、あらゆるかたちで富が追いかけてくるようになるでしょう。

無限の世界が、まるで一条の光のなかで乱舞する塵《ちり》のように
わたしの広大な意識のなかに現れては、消えていく。

――『ヴェーダ』の言葉

この瞬間どこからでも、あなたの望む富はやってくる。

目次

本文デザイン……坂川事務所
校正……株式会社ぷれす

第1部

豊かさを創り出す

第1章　あらゆる豊かさの源

豊かさとは、欲求が簡単にかなえられ、願望がひとりでに実現する経験のことをいいます。

豊かな状態でいると、人生の一瞬一瞬に、喜び、健康、幸福、活力を感じることができます。

この豊かさこそが現実であり、本来のあるべき姿なのです。本書を書いた目的は、まさしくこの現実の正体を突き止めることにあります。

この現実の性質をしっかりと見つめ、この現実こそ本来あるべき状態であることに気づいた瞬間、人間に不可能という文字はないことが実感できます。なぜなら、物質はすべて同じ源から創り出されているからです。星雲、銀河、熱帯雨林、人体などを創り出すため、自然はすべてこの源に向かっていきます。想念（思考）もまた、同じこの源で創り出されています。物質――すなわち、見たり、ふれたり、聞いたり、味わったり、匂いをかいだりできるすべてのものは、同じ源から創られています。この真実を実感することで、あらゆる欲求が満たされ、望むものをすべて手に入れ、思う存分、充実感や幸福感を味わえるようになるのです。

本書で説明するのは、物質的な豊かさを無限に創り出す原理ですが、これは物質に限らず、あらゆる願望の実現に役立てることができます。なぜなら、自然が非物質的な本質から物質的な現実を創り出すのに使っている原理は、あらゆる願望に有効だからです。

これらの原理を説明する前に、科学、とりわけ物理学が、わたしたちが暮らす宇宙、人体、心の性質、そしてこの三者の相互関係について何を教えてくれるか、話しておきましょう。

場の量子論の専門家たちによれば、自動車にしろ、人体にしろ、ドル紙幣にしろ、すべての物質は原子からできていて、さらにその原子は素粒子からできています。

しかし、粒子といってもそれは固体ではありません。原子の内部には物質は存在せず巨大な空虚になっていて、そこには情報とエネルギーが波のようにゆらいでいるのです。

これまでのわたしの著作やカセットテープのいたるところで、量子とは何かを詳しく探究してきましたので、今ここで詳しくは述べませんが、場の量子論の専門家たちは、この世界を構成しているのは物質ではないと断言しています。

宇宙を形づくっているのは、物質ではないのです。わたしたちがもつテクノロジーは、すべてこの事実に基づいて築き上げられています。この事実が、現在の物質中心主義という迷信を決定的に打ちくだくことになったのです。

ファックス、コンピュータ、ラジオ、テレビをはじめとするすべてのテクノロジーが利用できるようになったのは、科学者が、物質の基本単位である原子が固体であることを否定した成果なのです。原子に違いができるのは、そこに含まれる情報とエネルギーの状態が異なるためです。そして原子内の巨大な空虚のなかの、情報とエネルギーはあらゆる状況を創り出す力を秘めています。

たとえば、鉛と金は同じ原子で構成されています。どちらも同じ陽子、電子、クォーク、ボソンなどの素粒子でできています。素粒子と呼ばれているこれらのものは物質ではなく、情報とエネルギーの波動です。そして、これらの情報とエネルギーの配列の仕方や量の違いが、鉛と金の違いを創り出しているのです。

物質は、すべてこのような情報とエネルギーの波動から創られています。量子の世界で起こる出来事はすべて、基本的に情報とエネルギーがゆらめくことで発生するのです。このような情報とエネルギーの波動という非物質的な出来事が、物質やモノと考えられているあらゆるものを築き上げているのです。

宇宙を実際に構成しているものが物質でないことは明らかです。思考もまさに同じで、情報とエネルギーの波動から生まれてきたものにほかなりません。

わたしたちは、思考を自分の頭のなかだけに浮かんでくるものだと思い込んでいますが、それは思考を「組み立てられた言葉」として経験しているからなのです。言葉として選りぬかれ、英語（わたしの場合はインド訛《なま》りの英語）として話しかけられているからそう思い込んでいるまでのことで、人間が思考として経験している情報とエネルギーの波動は、同じように宇宙も構成している要素なのです。

わたしの頭のなかの思考と外の思考の違いは、言語によって組み立てられた用語として体験するかどうかです。言葉になる前の思考は、意思にほかなりません。もう一度いいますが、その意思は、神経の末端の情報とエネルギーの波動が発生することで生まれてくるのです。

すなわち、言語以前の段階では、自然のなかにあるすべてのものが同じ言葉を話しています。人間は思考する宇宙のなかに存在する、思考する肉体なのです。思考はわたしたちの肉体だけでなく、わたしたちをとりまく環境内の時空間の出来事にも影響を及ぼしていきます。

目に見える宇宙の背後、分子の蜃気楼《しんきろう》の向こう、肉体中心主義というマーヤ(幻想)のかなたには、「無の世界」という目には見えない、継ぎ目のない万物に共通の基盤が存在しています。この目に見えない無の世界は、無限の創造性や無限の富を創り出すために自然を整理し、教え、導き、働きかけます。この働きかけにより、無数のデザイン、パターン、かたちが創り出されていくのです。

人生の経験とは、この継ぎ目のない基盤のなかで発生した情報とエネルギーの波動が、肉体や環境に表現されたものなのです。それがわたしたちに喜びや悲しみ、成功や失敗、富や貧困などを味わわせているのです。

人生の出来事はすべて自分の身に降りかかってきたもののように見えます。しかし実際は、経験を創り出しているのはわたしたち自身なのです。

人生の経験を創り出す情報とエネルギーの波動は、人生に対するわたしたちのものの見方に反映されていきます。すなわち、わたしたちの創り出している情報とエネルギーの波動が、心構えにそのまま現れているのです。

第2章　より豊かな人生に向けての AからZのステップ

では、人生に富の経験を創り出す意識状態、情報とエネルギーの状態とは、いったいどのようなものなのでしょう？　より豊かな人生を手に入れるためのステップを、簡単に記憶してもらえるよう、便宜的にABC順に並べました。

わたしの経験では、実際に富を手に入れるためには、これから説明する心構えを意識的に訓練する必要はありません。このような態度を意識的に養ったり、気持ちを培ったりする必要はないのです。無理をすればかえって、ストレスや緊張の原因になってしまいます。

大切なことは、これから説明するAからZの態度について読み、知識として身につけてもらうことです。それだけでいいのです。

理解が深まれば深まるほど、その知識は意識や知覚のなかに刻み込まれていきます。そうなれば、努力しなくても、あなたの態度やふるまいは自然に変化していきます。

知識が身につけば、その知識はやがて実現に向かって組織化されていきます。ですから、まず原理に気づき、知識にするだけでかまわないのです。その知識はやがて血肉となり、そして成果になって現れてきます。ひと晩で結果が出なくても、時間を経るうちに効果は徐々に現れてきます。

これから紹介するリストを眺め、一日に一度読むか、テープに吹き込んで毎日聞くようにすれば、人生はひとりでに変化し、努力しなくても、自然に、あなたの人生は富と豊かさに恵まれるようになるでしょう。

A

ALL POSSIBILITIES, ABSOLUTE, AUTHORITY, AFFLUENCE, ABUNDANCE.

――あらゆる可能性、絶対性、権威、豊饒《ほうじょう》さ、豊かさ。

宇宙はあらゆる可能性に開かれた場であり、わたしたちも本来、この場の一員であり、あらゆることが可能な存在なのです。

あなたが宇宙と一体になれば、どんなものでも創り出すことができます。この場こそ、わたしたちの本来の居場所であり、内なる自己なのです。

この場は絶対性とも呼ばれ、最後にして最大の権威なのです。この場が本質的に豊かなのは、無限の多様性と豊かさを生み出せる力をもっているからです。

B

BETTER AND BEST.

――よりよく、最高に。

進化とは、時間を経るにつれあらゆる点でますますよくなることであり、最終的に、あらゆるもののなかで最高のものを手に入れることをいいます。富の意識をもつ人間は、最高のものにしか満足しようとしません。ですから、最初に最高の目的を掲げるのです（「最初に最高」の原理）。ずっと最高のものを目指していれば、宇宙はそれに応え、あなたに最高のものを贈ってくれるでしょう。

C

CAREFREENESS AND CHARITY.

――不安からの解放と慈善。

銀行に10億ドルの預金があっても、不安から解放された経験や慈善行為をした経験がなければ、その人の心は相変わらず貧しいままなのです。富の意識とは、本質的に心の状態のことをいいます。預金通帳にいくらお金があったとしても、お金のことについてつねに不安をいだいているようなら、実際は、貧しいのです。不安から解放されていれば、自然に慈善行為を行い、人に分け与えられるようになります。なぜなら、あらゆるものを生み出す源は、無限で、尽きることはないからです。

D

DEMAND AND SUPPLY, DHARMA.

――需要と供給、ダルマ。

それがどんなことであろうと、わたしたちが世の中に提供できることには、かならずその需要があります。「わたしは人のためにどのようなことができるだろう?」「どうすれば人を助けてあげられるだろう?」と自分の胸に問いかけてみましょう。その答えは、あなたの心のなかにあります。その答えが見つかった瞬間、自分ができることにはすべてその需要があることを知り、意識するようになるでしょう。

誰もがダルマ(人生の目的)をもって生まれてきます。ダルマの状態、すなわち人生の目的を果たしている瞬間、仕事に対する喜びと愛情が湧いてきます。

E

EXULTING IN THE SUCCESS OF OTHERS,
EXPECTING THE BEST.

——他人の成功を喜び、最高のことを期待する。

他人の成功を心から喜びましょう。とりわけ、自分のライバルや敵だと思っている人を祝福してあげることが大切です。自分の成功にあなたが喜んでいることに気づけば、ライバルや敵は、あなたの支援者に変わるでしょう。

また、期待が結果を決めます。最高の状況を期待すれば、その期待のなかにおのずと最高の結果が生まれてくる要素が含まれていることがわかるでしょう。

F

FAILURE CONTAINS THE SEED OF SUCCESS.

——失敗には成功の種が含まれている。

あらゆる失敗には成功の種が含まれています。非物質から物質が、見えないものから見えるものが創り出されるとき、そこにはひとつの重要なメカニズムが作用しています。それがフィードバックの原理です。

失敗とは、何かを創造するための踏み石です。失敗することで、目標は遠ざかるのではなく、以前よりはるかに近づいてくるのです。

実際には、失敗など存在していません。わたしたちが失敗と呼んでいるものは、実は、ものごとの修正の仕方を教えてくれる大切な仕組みにほかならないのです。

G

GRATITUDE, GENEROSITY, GOD, GAP, GOAL.
——感謝、寛大さ、神、無心、目標。

感謝と寛大さは、富の意識に自然に備わっている性質です。追求するのは最高のものだけなのですから（「最初に最高」の原理）、神を自分のモデルにするのは当然なことです。結局、神ほど豊かなものはありません。神はあらゆる可能性を実現してくれる存在なのですから。

あらゆる可能性を実現するための、確実な方法があります。それには次の4つのステップを踏みます。

ステップ1……あなたは思考と思考のあいだにある、沈黙という「間《ま》」のなかにすっと入っていきます。思考にじゃまされないこの沈黙の「間」（いわゆる無心の状態）こそ、個人の意識と宇宙の意識を交流させる窓であり、廊下であり、変化を創り出す渦巻きなのです。

ステップ2……この思考と思考の合間に訪れる沈黙のなかで、明確な目標を果たすための意志をしっかりと固めます。

ステップ3……次に、求める結果に対する執着を捨てます。なぜなら、結果をあまりに追い求めたり結果に執着してしまうと、この「間」から出てしまうことになるからです。

ステップ4……結果を手に入れるための細かなことは、宇宙にまかせます。

明確な目標をもつのは大切ですが、目標に対する執着心を捨てるのも大事なことです。目標は無心になってこそ達成されるものです。無心になることで、結果のために必要な細部を組織しまとめてくれる潜在力が働きはじめるのです。

ど忘れしてしまった名前を思い出そうとしたことは、誰にもきっとあるでしょう。そんなとき、思い出そうとすればするほど、名前はますます出てこなくなります。そして思い出すのをあきらめると、少したってから、その忘れていた名前があなたの意識のスクリーンにぱっと浮かんでくることが多いものです。これこそ、あらゆる願望を達成するためのメカニズムなのです。

名前を思い出そうとしているとき、頭はカッカして、混乱していきます。しかし、結局、疲れてイライラし、思い出すのをあきらめた瞬間、心は静まり、気持ちが徐々に穏やかになっていきます（あまりに静かなので、ほとんど無心の状態になります）。すると、思い出したいという願望を手放した場所、すなわち思考と思考の合間に、ゆっくりと願望がすべり込んできて、やがて忘れていた名前があなたに手渡されるのです。これが「求めよ、さらば与えられん」「叩《たた》けよ、されば開かれん」という、聖書の言葉のほんとうの意味なのです。

この思考と思考のあいだの「間」にすっと入っていくためのもっとも簡単な方法のひとつが瞑想《めいそう》で、願望を実現するのに役立つ数多くのものがあります。

H

HAPPINESS AND HUMANITY.
——幸福と人間性。

自分と出会うすべての人を幸せにするために、あなたはこの世に生きています。人生は自然に、幸せになる方向へと徐々に動いていきます。しかし、自分の行動が自分や周囲の人々を幸せにしているかどうかを、たえず自分自身に問いかける必要があります。幸福こそ人生の究極の目標なのですから。お金、良好な人間関係、素晴らしい仕事を求めているとき、あなたが実際に求めているのは幸福なのです。

わたしたちが犯してしまう失敗は、最初に幸福を手に入れる努力をしないことです。幸福を第一の目標にすれば、ほかはすべて後についてくるでしょう。

I

INTENT OR INTENTION.

――意志または意図。

ゆるぎない意志（意図）をもちなさい。それは、もはや後戻りできない不退転の決意をすることです。ほんの少しでも矛盾する願望や利益によって撤回されることのない、明確な目的のことです。富（いや、富に限らずこの宇宙にある何か）を手に入れるためには、目標に意識を集中し、実現する決意をしなくてはいけません。

何があっても撤回されない強固な決意をもち、ゆらぐことのないように。そうすれば、宇宙が細かなことを処理し、チャンスを提供し、実現してくれます。宇宙が与えてくれるこのようなチャンスに目配りを怠らずにいることです。

J

JUDGEMENT IS UNNECESSARY.

――判断は必要ない。

ものごとをつねに善か悪か、正か否かに分類しなくなれば、意識はもっと穏やかになっていきます。判断という重荷を捨て去った瞬間、心のなかで交わされる対話はもっと穏やかになり、無心の境地（思考と思考の合間）にもずっと簡単に入っていけるようになるのです。

定義、レッテル貼り、説明、解釈、評価、分析、判断などをやめることが大切です。このようなことをすれば、心のなかで騒がしい対話が始まってしまいます。

K

KNOWLEDGE CONTAINS ORGANIZING POWER.

――知識には組織化する力が含まれている。

知識には組織化する力が備わっています。なんらかの知識を手に入れ、その知識を進んで自分の血肉にしていけば、意識が変化し、新しい現実が創り出せるようになります。たとえば、本書の知識をしっかり身につければ、富と豊かさが自然に創り出される条件が整えられていくでしょう。

L

LOVE AND LUXURY.
——愛情と贅沢《ぜいたく》。

自分自身を愛しなさい。あなたの顧客を愛しなさい。家族を愛しなさい。世界を愛しなさい。愛ほど強い力をもつものはありません。

また、少しは贅沢もしてみるものです。富が出て行った場所にはすきまができます。それが、富が流れ込んでくる空間を創るための前提条件なのです。

M

MAKING MONEY FOR OTHERS, MOTIVATING OTHERS.

——他人のためにお金を儲け、他人にやる気を起こさせる。

他人のためにお金を稼いだり、他人がお金を儲ける手助けをしてあげなさい。他人のお金儲けの手助けをしたり、他人が願望を実現するのを手伝ってあげることが、自分自身がお金を儲け、自分の夢をもっと簡単に実現できるようにするための確実な方法です。

他人にやる気を起こさせることも重要です。「あなたの目標を実現してあげたい」という気持ちを他人に起こしてもらう最高の手段は、あなた自身が率先して他人の目標を実現する手助けをすることです。

N

SAYING NO TO NEGATIVITY.

——否定的な考えにノーという。

否定的な考えにノーといいなさい。友人で著名な作家のウェイン・ダイアーは、そのための簡単な方法を教えてくれました。否定的な考えが頭に浮かんだら、かならず心のなかで「次に移ろう」とつぶやき、人生を前向きに考えるのです。

否定的な考えにノーということは、自分のまわりに否定的な考えをいだいている人を置かないということです。否定的な考えの人は、あなたのエネルギーを空《から》にしてしまいます。愛情や励ましのあふれる環境を周囲に創り、否定的な考えを締め出してしまいなさい。

O

LIFE IS THE COEXISTENCE OF OPPOSITES,
OPPORTUNITY, OPEN AND HONEST COMMUNICATION.

――人生にはあらゆる対立するものが共存している。チャンスおよび率直で誠実な意思の疎通の重要性。

人生には、あらゆる対立する価値が存在しています。喜びと悲しみ、快楽と苦痛、上り坂と下り坂、暑さと寒さ、ここと そこ、光と闇《やみ》、誕生と死など。

すべての体験には陰と陽があり、一方が存在していなければ、もう一方の意味は失われてしまうのです。

ある賢者はかつてこういいました。「生まれつき目の見えない人は、暗闇といわれてもその意味はまったくわからないだろう。なぜなら、光を体験したことが一度もないからだ」

静かな和解、すなわち、あらゆる対立する価値が生き生きと共存している事実を受け入れなさい。それを意識した瞬間、わたしたちは自然と「区別すること」をやめるようになります。勝者と敗者は、対極にあるように見えますが、実は同じ存在なのです。区別をしなくなれば、わたしたちの内面の騒がしい対話が収まり、創造性への扉が再び開かれるのです。

あらゆる人と交際をすることとは、成長したり、願望を実現するためのチャンスです。知覚を拡大して、チャンスに敏感になりさえすればいいのです。率直で、誠実なコミュニケーションが、そのチャンスを実現する道を開いてくれます。

P

PURPOSE IN LIFE, PURE POTENTIALITY.

――人生の意味、純粋な潜在性。

人間はある目的を果たすために、この世に生まれてきました。その目的が何かを明らかにする責任は、わたしたちの手にゆだねられています。人生の目的に気づけば、自分に素晴らしい潜在能力があるということに気づくようになります。

自分の目的を簡単な言葉でいえるようにしなくてはいけません。

たとえば、わたしの人生の目的は、人を癒《いや》し、出会う人すべてを幸せにし、世の中を平和にすることです。

人生の目的に気づけば、心のなかにある「純粋な潜在性の場」に到達するための道が開かれます。なぜなら、願望のなかには、その願望を実現するための種や仕組みがすでに備わっているからです。

『ヴェーダ』の賢者は次のように述べています。「わたしは過去、現在、未来のすべてにおいて、計り知れない潜在性をもっている。わたしの願望は地面のなかの種のようなものだ。やがて適切な季節がくれば、その種はひとりでに美しい花やたくましい樹木に育ち、魅力的な庭園やうっそうとした森を創っていく」

Q

TO QUESTION.

——疑問を呈すること。

教義やイデオロギー、世間の権威に疑問を呈しなさい。人々が当たり前だと思っていること、人々が真実だと固く信じていることに疑問を示さなくては、社会のしがらみという催眠術から目覚めることはできません。

R

RECEIVING IS AS NECESSARY AS GIVING.

――受け取ることは与えることと同じくらい必要である。

喜んで受け取ることは、与えることと同じように尊いのです。受け取ることのできない人は、与えることもできません。受け取ることは、宇宙のなかのエネルギーの流れを滞らせないようにするための大切な一面なのです。

与えたり、受け取ったりするものは、物質である必要はありません。ほめ言葉、称賛、尊敬をきちんと受け取れる人は、他人にも同じものを与えることができます。

また、尊敬、礼儀、作法、称賛がなければ、銀行に預金がどれほどあっても、貧しい状況が創り出されてしまいます。

S

SPENDING AND SERVICE.

——支出と奉仕。

お金は血液のようなものです。いつもサラサラ流れていなくてはなりません。ため込んだり、しがみついたりしていると、ドロドロになってしまうのです。人間が成長するためには、お金はつねに流れていなくてはなりません。この流れが止まれば、凝固した血液と同じように、循環はさえぎられ、体を壊してしまうだけです。

お金とは、宇宙に捧げた奉仕の結果として、わたしたちに与えられる生命エネルギーです。つねに自分に流れてくるようにするには、エネルギーをたえず循環させておかなければなりません。

T

TRANSCENDENCE, TIMELESS AWARENESS, TALENT BANK, TITHING.

――超越、時間を超越した知覚、才能の銀行、10分の1税。

日常の意識を超越した体験がなければ、人生に美しさを感じることはできないことを、わたしは個人的に体験しました。充実した人生を過ごすためには、あらゆる境界を乗り越えていかなくてはならないのです。

スーフィー教徒の詩人ルーミーは次のようにいっています。「善行、悪行といった考えを超越したところに、ひとつの場がある。わたしがあなたと出会うのはその場所だろう」

瞑想《めいそう》の練習を通して超越体験をすると、いかなることにも惑わされない、心の安定と平安が手に入り、心が穏やかになるのを感じます。

瞑想中の沈黙は、いかなる活動によっても妨げられることはありません。わたしが「自己」を知覚し、気づきを得ることを外部のいかなるものも損なうことはできません。

時間を超越した知覚は、時間に束縛された知覚とは対立するものです。セルフイメージ（自分自身についていだいているイメージ）を守るために、ほんとうの自己を投げ捨ててしまった瞬間に現れてくるのが、時間に束縛された知覚です。

セルフイメージとは社会的な仮面のことで、本来の自分を隠すためのうわべの飾りのことです。時間に束縛された知覚のままでいると、人間のふるまいは過去や未来に対する期待や不安にたえず翻弄《ほんろう》されてしまい、罪の意識や悲しみにさいなまれてしまいます。時間を超越した知覚が、本来の「自己」の知覚です。

『ヴェーダ』の賢者は次のようにいっています。「わたしが過去に不安をいだいたり未来を恐れたりしないのは、今、この一瞬に意識を集中しているからである。今に意識を集中しているとき、わたし、そしてあらゆる状況が、適切な反応を示してくれる」

これこそ至福の状態にほかなりません。ほんとうの自己は思考の領域ではなく、思考と思考のあいだの沈黙の領域に存在しています。このすきまにいるあいだ、宇宙の魂がわたしたちにそっとささやいてくれるのです。このささやきが直観と呼ばれているものです。時間に束縛された知覚は知性のなかにあり、損得勘定をしています。時間を超越した知覚は、心のなかにあり、感じるものなのです。

創造力を最大限に発揮し、最高の奉仕をするために、才能という銀行を開発してください。ユニークで多様な才能や能力をもった人々が集まって一丸となれば、ひとりのときよりも自らの才能をさらに発揮できるようになります。

10分の1税とは、あなたの収入の一部を無条件に手放すことです。与えることで空白が生まれ、その空いた部分に、与えたものよりはるかに多くのものが引き寄せられていきます。

エマーソンはこういっています。「豊かな心がなければ、金持ちも醜い物乞いとなんら変わらない」

U

UNDERSTANDING THE UNITY BEHIND ALL DIVERSITY.
——あらゆる多様性の背後に存在している統一を理解する。

あらゆる多様性の背後には統一意識が存在していることに気づきなさい。

統一意識とは、全体を分離したり、断片にしてしまう幻想のマスクを引きはがす、悟りの状態のことです。

あらゆるものは別々のように見えても、その背後には全体である、統一された場が存在しています。この場では、観察されるものと観察するものが一体になっています。

人を愛したり、星をじっと見つめたり、浜辺を歩いたり、音楽に耳を傾けたり、踊ったり、詩を読んだり、祈ったり、瞑想《めいそう》で沈黙したりしている瞬間、わたしたちは統一意識を味わっています。

意識が統一されていた瞬間、時間という障害はさっと取り除かれ、永遠という遊び場のなかに入っていくことができます。この場所にたどり着いた瞬間、人はふとこんな言葉をもらすものです。

「この山は息をのむほど美しい。時間が止まってしまったようだ」

外見はさまざまに見えても、あなたも、わたしも、山も、ほかのすべてのものも同じ存在であることに、知覚の非常に深い層で、わたしたちは気づいています。これが愛の状態です。

それはたんにそう感じているのではなく、あらゆる創造の中心にある究極の真理なのです。

V

VALUES.

――価値。

価値とは、真理、誠実さ、正直、愛、信念、献身、美のことです。

偉大なインドの詩人ラビンドラナート・タゴールはこういっています。「わたしたちが美しさを感じるとき、その美しさが真実であることに気づいている」

価値が失われると混乱と無秩序が現れ、あらゆるものが音を立てて崩れていきます。健康が損なわれ、貧困が豊かさを支配し、社会と文明は崩壊してしまいます。

社会がずっと大切にしてきた価値に注意を払うと、混沌《こんとん》のなかから秩序が浮上し、純粋な潜在性の場が万全の状態になり、どんな願望も実現してくれます。

W

WEALTH CONSCIOUSNESS WITHOUT WORRIES.

——不安のない富の意識。

真に富める人は、お金にはまったく不安をいだきません。なぜなら、どこからやってくるのであれ、お金はいくらでも供給されることを知っているからです。

かつて、超越瞑想《めいそう》法の創始者であるマハリシ・マヘーシュ・ヨーギーと世界平和について話し合っていたとき、彼に次のような質問をした人がいます。

「いったい、お金はどこからやってくるのでしょう?」

ヨーギーはためらうことなくこう答えました。

「この瞬間、どこからでも」

X

EXPRESSING HONEST APPRECIATION AND THANKS TO ALL WHO HELP US.

――自分を助けてくれるすべての人に、心からの感謝の気持ちを表す。

心から感謝すること。自分を助けてくれるすべての人に感謝の気持ちを示すのです。感謝する「ふり」は、絶対にいけません。そして、心から相手に感謝の念をいだいたなら、きちんとその気持ちを表現することです。

感謝の気持ちを表現することが、すでに受け取ったものよりはるかに多くのものを生み出してくれる強い力となります。

Y

YOUTHFUL VIGOR.
——若々しい活力。

自分とは誰なのか？　その答えをほんとうの「自己」に戻って確認できたとき、わたしたちが健やかであることを実感します。状況、環境、人間、ものごとのいずれであれ、ほんとうの自分とは違うものを自分と同一視してしまうと、エネルギーは向こうに奪われてしまいます。その結果、エネルギーや活力がなくなったと感じてしまうのです。

「自己」から自分が誰かを確認できたとき、エネルギーが保たれ、自分を活発で力強く感じ、若々しい力もみなぎってきます。

Z

ZEST FOR LIFE.

――人生に対する情熱。

あらゆる生命力とほとばしる感情とで、人生に感謝しましょう。それは、表現のかたちはさまざまであっても、「生命はたったひとつである」ということに気づくことです。

生命を知るということは、今、この瞬間に存在している力に気づくことです。わたしはその力であり、あなたはその力であり、万物はその力であり、その力が存在するもののすべてであることを知ることなのです。

タゴールはかつてこういいました。「昼となく夜となく、世界をつらぬいて流れている生命の流れがこのわたしの血管にも同じように流れ、リズミカルに脈打ちながら躍動している。その同じ生命が大地の塵《ちり》のなかをかけめぐり、無数の草の葉のなかに喜びとなって萌《も》え出て、花々のざわめく波となってくだけている」

彼はこの感情を「今、この瞬間にも、わたしの血のなかで躍動している幾世代の生命の鼓動」と名づけています。今、この瞬間、この何世代もの人生の鼓動にふれるとは、人生に対する情熱をもつことなのです。不安をいだくことなく、未知のものに自由に向き合うことなのです。

未知のものは、今という一瞬一瞬に開かれているあらゆる可能性の場です。これが自由であり、過去に縛られた既知のものを乗り越え、空間、時間、因果関係の牢獄《ろうごく》を乗り越えていきます。

呪術《じゅじゅつ》医のドン・ファンはカルロス・カスタネダ（米国の文化人類学者）に、かつて次のように告げました。「勇気を出して運命と向き合いなさい。勇気を出すことがいちばん大切なのだ。勇気さえもてば運命はどうとでもなる」

不安から解放され、自由になり、人生に対する情熱を燃やしてください。


さあ、これでおしまいです。これらのステップは無限の富を手に入れるための踏み石であり、AからZの、繁栄を手に入れるための項目リストです。

もう一度いいますが、このような心構えを意識的に培う必要はありません。知っていさえすれば結構です。毎日、このリストを読むか、テープに吹き込んで耳を傾けてください。そうすれば人生が変化していくのがわかり、豊かさ、無限性、永遠が姿を現してくるでしょう。

好きなだけ富を創り出してください。物質的なものであれ、非物質的なものであれ、あらゆる願望をかなえてください。

そして、創り出した富は、使ってください。気前よく使い、その富を分け与え、人に施してください。あなたの子供たち、家族、親戚、友人、社会、世の中に与えてあげるのです。富は宇宙のもので、わたしたちのものではありません。わたしたち自身がこの宇宙の富の一部なのです。

わたしたちは特権を与えられた子供であり、宇宙はあなたに賞金を与えてくれたのです。わたしたちに必要なのは、この宇宙の豊かさに関心を払うことだけです。そうすれば、わたしたちは豊かになれるでしょう。

インドの偉大な賢者はかつてこういっています。「自分が関心をいだいた場所に、あなたはいるのです。実際、あなたの関心が、今のあなたを創ったのです。関心が散漫であれば、あなたも散漫な人間になる。関心が過去にあるなら、あなた自身も過去にいるのです。今、この瞬間に関心をいだいているとき、あなたは神とともにいる。神はあなたのなかにいるのだ」

今、自分が実行していることだけに意識を集中してください。神はいたるところにいます。意識的に関心を払い、その神を迎え入れればいいのです。

水面を澄ませれば、あなたの「存在」のなかに星や月が映っているのが見えるだろう。

ルーミー

第2部

富の意識はあらゆる可能性の場のなかに存在している

第3章　何に関心をいだくかで、あなたの人生は決まる

これまでは、おもに、物質的意味での豊かさを手に入れるための方法を論じてきました。しかし、物質的な富（またはお金）は、願望を自然に実現するためのほんのひとつの手段にすぎません。

物質的な領域であれ、感情的、心理的、霊的な欲求であれ、はたまた人間関係であれ、豊かさ（富）とは、願望をたやすく実現できることをいうのです。

ほんとうに富んでいる人は、お金だけに関心をいだくことはけっしてありません。しかも、裕福な人間はお金に対する不安をまったくいだいていません。

銀行に何百万ドル預金があったとしても、お金のことしか頭になく、お金について不安をいだき、心配しているようなら（もっとたくさん欲しい、まだ足りないと思っていたり、失ってしまうのではと恐れているようなら）、あなたは貧しい人間です。

オスカー・ワイルドがかつてこういっています。「お金持ちよりもお金について考えている唯一の階級の人々がいる。それは貧しい人々だ。実際、貧しい人々は、お金のことしか考えることができない」

ほんとうの富や豊かさを手に入れるとは、お金も含め、人生のあらゆることにまったく不安がなくなることです。そして、ほんとうの富の意識を理解するには、万物を生み出す源の性質を知らなくてはなりません。

それには自らの意識や知覚を純粋な状態にする必要があります。しかし、頭で考えているかぎり、この状態に達することはできません。それには、日常の意識を超越しなくてはいけないのです。その状態に達すれば、そこがほんとうの自分がいるべき場所であることに気づき、理解できるようになります。

日常の意識を超越した瞬間には、言葉を使わなくても気づくことができます。集中力を奪ってしまう話し言葉を介入させずに、じかに知識を手に入れるのです。瞑想《めいそう》の価値は、日常では見えなくなっているほんとうの自己をわたしたちに実感させてくれることにあります。ほんとうの自己を味わうことで、純粋な至福と純粋な喜びが湧いてきます。瞑想と活動を交互に行うことで純粋な自己、純粋な知覚、純粋な意識の場により深く入っていけるようになり、わたしたちの活動にもプラスの影響が出てきます。ほんとうの自己、純粋な意識に本来備わっている性質（無限性、無際限、豊饒《ほうじょう》、豊かさ、不変性）が、日常生活の活動のなかにも現れてくるからです。

無限の可能性の場にたどり着くための最善の方法は瞑想ですが、この場のもつ性質を知識として覚え、その性質に関心をもつことも有効な手段です。なぜなら結局、自分が日ごろいだいている関心は、やがて現実となって現れてくるからです。

本章では、もう一度、量子場について少し詳しく説明させてもらいます。物理学者が、原子を構成し、現実のすべてを構成している素粒子（クォーク、ボソン、レプトンなど）を調査し理解しようとしても、あまりに小さすぎるため、現在、測定できる装置はありません。今後も発明されることはないでしょう。

さらに、このような素粒子に関するもうひとつの面白い事実は、誰も素粒子を見たことがないということです。では、観察したり、見ることができないなら、どうして素粒子が存在していることを知っているのでしょう？　その答えは、加速器に残された素粒子の痕跡です。素粒子理論に関する調査をしているところでは、このような素粒子が残す痕跡を見ることができますし、写真に撮ることもできます。痕跡を調べることで、実際に存在していることがわかるのです。しかし、素粒子にはもうひとつ、「観察された瞬間しか、存在しない」という非常に興味深い面があります。

量子場を見ていると、素粒子（の痕跡）がちらりと姿を現します。しかし、目をそらすたびに、素粒子は空虚のなかに消えていきます。素粒子は暗室のなかの小さな光のように、ついたり消えたりしているのです。暗室を無限で境界のない空間だと想像してみると、素粒子はそこで明滅する光であり、わたしたちが関心を払っているときだけ姿を現しているのです。その場から関心をそらすと、あらゆる可能性の場のなかのどこかに消えていきます。素粒子がどの場所にあるかは、確率的にしか予測することはできません。

すべての素粒子は波の性質ももっています。観察される瞬間まで、素粒子は波なのです。波は広がっていくものなので、空間や時間のどこか一か所に限定されてはいません。

波として広がっているものを、測定可能な物質に変えるには関心を払わなくてはならないのです。関心をいだく（観察する）ことで、波であるものが物質（粒子）に変わります。文字どおり、素粒子はあなたやわたしが観察することで創り出されるのです。観察されなければ、素粒子は空間を漂っている波にすぎないのです。

関心を払う（観察する）ことで起こる奇跡

〈観察前〉

〜〜〜〜〜〜〜〜〜〜〜〜〜〜〜〜〜〜〜 波

空間や時間を超えて広がっている

非物質的、非局所的（場所と無関係）

心の領域にある

〈観察時〉

● 粒子

時空間で起こっている出来事

物質的、局所的

物質の領域にある

これはなんと不思議な現象でしょう！　無限の、あらゆる可能性の場のなかの波を目に見える物質に変えているのは、わたしたちの関心なのです。それどころか、自分が何に関心を払っているかで、何が創造されるのかが決まるのです。あなたの関心の質がまさに人生を決めているのです。関心が薄ければ、わたしたちは何も創造できません。しかし、関心を集中すれば、わたしたちは素晴らしいものを創り出せるのです。

『ヴェーダ』の賢者はこういっています。「存在しているものに関心を払い、あらゆる瞬間に、そのものの完全な姿を眺めなさい。神はいたるところに存在している。関心を払いさえすれば、神が現れてくる」

第4章　知識、願望、魂の力

宇宙のなかのあらゆる豊かさの源である統一場（森羅万象の創造の源）の特徴を検討してみましょう。ほんとうの豊かさを身につけるためには、結局、この創造の源である統一場のもつ特徴をしっかり理解する必要があります。

次に紹介するのは、統一場のもつ25の特徴です。このリストは数年前、超越瞑想《めいそう》法の創始者マハリシ・マヘーシュ・ヨーギーが、物理学者のグループに統一場*訳註①（物質が生み出される究極の場）の性質を説明してもらった後、作成されたものです。

結局のところ、統一場のもつ特徴は、インドの古典的聖典『ヴェーダ』のなかに説明された、創造の源であるブラフマン（宇宙の源である神聖な知性）の特徴とも一致していました。（あらゆるものを創造できる神の領域である）統一場のもつ特徴を、あなたも身につけてください。

アインシュタインはかつてこういいました。「わたしが知りたいのは神の考えだ。それ以外はすべて些細《ささい》なことでしかない」

統一場がもつ特徴を検討してみましょう。それは次のようになります。

1　あらゆる自然法則を生み出す基盤

あらゆるものを創り出す自然法則のすべては、この統一場のなかに見つけ出すことができます。

現在、科学者は自然のなかには4つの基本的な力が存在すると教えています。その力とは、地球を回転させ、惑星が飛び去らずに軌道上を動けるようにしている「万有引力」、そして、光、熱、電気など、わたしたちが日常生活で利用するエネルギーを創り出す「電磁力」、原子の核を構成する「強い力」、そして、元素や放射能の変換（崩壊）を引き起こす「弱い力」です。物質が創り出されるときは、かならずこの4つの力が働いています。

しかし、これらはたんなる力ではなく、知性の場でもあるのです。なぜならこの4つの力すべてを創り出す母体である統一場は、あらゆる自然法則を生み出す力をもっているからです。

2　無限の組織化能力

統一場は、あらゆるものを組織化しています。銀河系や星の動き、地球の自転、季節の循環、ヒトの生体リズム、適切な季節につねに同じ場所に移動する鳥、卵を産みに故郷の川に戻ってくる魚、植物や動物に見られる自然の生体リズムなど、創造されたものはすべて、オーケストラのように全体と調和しているのです。

文字どおり、この場には無限の組織化する力があり、同時に無数のことを実行しながら、この無数のことを互いに密接に関連させています。

人体も組織化する力の場です。1秒ごとに、人体では60億もの反応が発生していますが、どの反応をとっても、ほかのすべての反応と無関係には発生していないのです。

どの生化学的な反応も、体内で起こっているほかのすべての生化学的反応に気づいています。人体は同時に考えたり、ピアノを演奏したり、星の動きを観察したり、毒素を排除したり、細菌を殺したり、子供を創ることができ、しかもどの活動もほかのすべての活動と関連しているのです。

統一場には、このような無限の組織化能力が本質的に備わっています。統一場を深く知り、この場が自分の本性であることを実感してもらうことで、あなたにも無限の組織化能力が自然と養われていくようになります。

3　内側はしっかり目覚めている

統一場は純粋な気づきの場です。この場はまったく眠ることなく、いつも活発に働き、表面は静かでも、内側はしっかり目覚めています。純粋な気づきの場にきちんと注意を払っていれば、あらゆることが可能になります。

4　無限の相互関連性

くり返し述べますが、統一場ではどのひとつも、ほかのすべてのものと関連をもっています。

5　完璧な秩序

統一場は秩序の場でもあります。要するに、表面がいかに混乱しているように見えても、つねに秩序は保たれているのです。最近、いわゆるカオス理論について数多くの情報が提供されています。それは表面がいかに混沌《こんとん》としているように見えても、その表層の奥深くには秩序が存在しているということにほかなりません。

あなたがニューヨークに行って、たまたまグランド・セントラル駅にいたとしましょう。もしも駅の外から構内の様子を見たなら、ひどく混乱しているように見えるでしょう。ひとりひとりの人間があちこちに急ぎ足で向かっていて、秩序などまったく存在していないかのようです。しかし、もちろん、すべての人は具体的な目的地に向かっています。

この一見無秩序に見える状況の底には、完璧な秩序が存在しています。

突然、ホームの変更が告げられ、11番線ではなく12番線からX列車が出発することになれば、混乱はさらに激しくなっているように見えるでしょう。人々はすぐに方向を変えて、あちこちに急いで向かっていきます。しかし、実際には、この混乱の底には秩序が存在し、すべての人の活動には明確な目的が存在しているのです。

統一場にもこれと同じ秩序が存在しています。なぜなら、ここでは同時に無数のことが組織化されているからです。表面はひどく無秩序に見え、一見、脈絡のない活動や考えに導かれているように思えるかもしれません。しかし、この混乱の背後には、隠された秩序が存在しているのです。

6 無限の活力

統一場はつねに変化し発展していく場です。静寂であっても、この場にはあらゆる可能性を創り出してくれる無限の活力が秘められています。この場には、柔軟性も秘められています。その柔軟性は、目には見えない統一場のもっている本質のひとつです。この場は静かです。休息で英気が養われるように、沈黙のなかには活力の源が存在しています。沈黙に深く入っていけばいくほど、逆に活力があふれ出てくるものなのです。

7　無限の創造力

結局、宇宙の全貌を具体的な姿で現すことほど、創造的なことはありません。宇宙の姿を明らかにすることは、「無限の可能性の場」のレベルから生まれた思考を実現することにほかなりません。ほんとうの自分に戻れば、「わたしは水になるかもしれない」とひそかに思うと、水になれるということです。「山になりたい」と思えば山になり、「銀河になりたい」と思えば銀河になります。平穏で、静寂で、永遠である純粋な自己に戻れば、至福の状態が味わえるでしょう。この状態のなかで思考がひらめき、この場に小波を立てることで、宇宙の全貌がはっきりと現れてきます。

スーフィー教徒の偉大な詩人ルーミーは、かつてこういいました。「わたしたちは何もないところからつむぎ出され、塵《ちり》のように星をばらまきながら生まれてくる」

これが創造のメカニズムです。

8　純粋な知識

純粋な知識とは、これとかあれとかいった、限られた知識のことではありません。それは物質を創造する際に働いているあらゆるものに関する知識です。この知識は過去、現在、未来に存在するあらゆるもののもつ無限の可能性なのです。

9　境界のなさ

統一場は、境界や概念的な考え、思い込みによって束縛されることはありません。この場では、空間と時間は無限です。時間は限りなく永遠で、空間もまた限りなく宇宙のはてを超えています。

10　完璧なバランス

統一場は――自然の生態系、人体の生理、胎児から子供への発育など――創造する際にはすべてのバランスをとっています。

11　自給充足

統一場は外部からの助けは何ひとついらず、必要なものはすべて所有しています。場の内面に舞い戻ることで、何度でも創造が可能になります。

12　あらゆる可能性

あらゆる可能性とは、自分が想像できることだけでなく、想像の及ばないものすべてのことをいいます。

あなたは、自分の想像できることはもちろん、今、自分の想像の限界を超えているものさえ、実現し手に入れることができるのです。そして、実現すればするほど、あなたの想像力は広がっていきます。今日は想像できないことも、明日には想像できるようになっていくでしょう。こうしてつねに、探究されていない新たな領域が現れてくるのです。

13　無限の沈黙

無限の沈黙とは、神の心のことです。無限の可能性の場から、あらゆるものを創り出すことのできる心です。無限の沈黙のなかには、無限の活力が秘められています。沈黙を守る練習を積めば、沈黙の知識を手に入れられるでしょう。

この沈黙の知識は、合理的な思考でははるかに及ばない、正確で、パワーのあるコンピュータ・システムです。

14　調和

宇宙では、あらゆる要素が調和をとりながら、互いに影響し合っています。すなわち、宇宙とは、バランスと調和を創り出す力なのです。

「宇宙」(universe) という言葉は、文字どおり「ひとつの歌」(uni はひとつ、

verse は歌）という意味です。この歌、そしてこの調和のなかには、平和、笑い、喜び、至福が含まれています。

15　進化

自然のなかのすべてのものは、よりよい状況へと進化しています。努力したり、考えたりしなくても、わたしたちは「存在」しているだけで、より高い意識状態へと発展しているのです。しかし、この真実に気づくことで、あなたはより早く進化していくことができます。

16　自己照会

統一場は、自分を知るために外部のものに頼りません。自らの内面に戻るだけでよいのです。

17　無敵

統一場を破壊することはできません。火で燃やすことも、水で濡らすことも、風で吹き飛ばすことも、刃物で切り取ることもできません。

18　不滅

無敵であるゆえに、不滅です。

19　姿を見せない

あらゆるものを創造する源であっても、統一場自体は姿を現しません。

20　育てる

統一場は創造したあらゆるものを成長させていきます。樹木から星や銀河の動き、鳥の渡り、そしてわたしたちの体内の免疫システム、消化のプロセス、心臓の鼓動まで、創造したすべてのものを養い、育てているのです。

21　結びつける

統一場は、このようなすべての活動を育てているだけでなく、ひとつひとつをほかのすべてのものと結びつけています。

22　単純さ

しかし、統一場の本性は、とても単純です。複雑ではありません。それは心のもっとも奥深くにいるほんとうの自分自身に気づくことにほかなりません。

23　清める

統一場は、ふれるものすべてを清めます。清めるというのは、本来の、原点に戻ることです。完璧なバランスを表現している宇宙は、純粋な源をもっています。この源（原点）こそ統一場にほかなりません。

24　自由

自由は統一場に本来備わっている性質です。この場にふれると、自由がわたしたちのもとに訪れてきます。それは、自分の本来の姿を実感することから生まれる自由です。

わたしたちの本来の姿とは、あらゆる創造を駆り立ててくれる、愉快で、執着心のない、不滅の魂のことなのです。この魂に戻る体験をもつことが、まさに「本来の自分」になることなのです。

これがほんとうの自由です。この自由を手に入れると、今という一瞬一瞬の連続のなかで、ものごとを的確に選択できるようになります。

25　至福

統一場の最後の（もっとも重要な）性質は、至福です。至福を幸福と勘違いしてはいけません。幸福になるには、かならずなんらかの理由があります。人から敬意を表されたり、素晴らしい仕事を獲得したり、大金を儲けたり、満足する人間関係を築けたとき、あなたは幸せになります。

それに対し、ただ生きているだけでわけもなく幸せなとき、あなたは至福の状態にいます。もう忘れてしまったかもしれませんが、わたしたちはみな、かつて至福の状態にいたのです。それが人間の本来の状態であり、統一場に本来備わっている特徴なのです。

至福はわたしたちの肉体より根源的で、精神よりわたしたちのそばにいます。どこに行くにも、ついてくるのです。

純粋な至福の状態は、純粋な愛の現れです。愛が純粋であれば、あなたは愛そのものになります。この愛はなんの見返りも求めず、なにものも否定しません。焚《た》き火の輝きのように、純粋な愛はあなたから周囲に広がっていきます。

愛が降り立つところには、愛の火花が燃え立ちます。

どうすれば、統一場のもつこのような性質を、わたしたちの意識に植えつけることができるのでしょうか？

それにはふたつの方法があります。ひとつ目の方法は、このような特徴に気づいて、毎日そのひとつの特徴を選び、その特徴に関心を払うようにすることです。

覚えておいてもらいたいのは、素粒子を波から物質に変えるためには、関心を払う（観察する）だけでいいということです。関心を払うことこそ、あらゆる可能性の場のなかに、時空間的な出来事を引き起こす手段なのです。統一場の特徴に関心を払うとき、その特徴がわたしたちの意識だけでなく、実際に人生のなかに現れてくるのです。

科学者は、わたしたちが思考するとき体内に物質が湧き出してくることを証明してきました。心のなかで考えたことが、分子に変換されるのです。このような分子は文字どおり、内面の宇宙から送られてきた使者なのです。思考はモノであり、思考は現実化するのです。

最初に発見された場所が脳内だったので、この分子は神経ペプチドと呼ばれています。しかし、現在、神経ペプチドは脳内だけでなく、体内のあらゆる細胞に浸透していることがわかっています。思考は、脳だけでなく、肉体のあらゆる組織を鍛え上げているのです。あなたがいだく思考、あなたが心に思い浮かべるアイデアはすべて、細胞の意識の核に化学的メッセージを送っています。統一場の特徴を表現しているひとつの言葉に関心を払っていると、魔法が起こり、その言葉が現実になっていきます。

毎日、ひとつのテーマを選んでください。25日で、25の性質が選べます。26

日目に、最初のテーマから再び始めます。たとえば、今日のテーマが「自由」だとしましょう。そして、今日一日、「自由」という言葉に関心を払ってみるのです。

言葉が現実になることを忘れてはいけません。量子の場の出来事である思考は、神経ペプチドになるのです。

言葉を分析したりしてはいけません。定義したり、評価したり、解釈したりすることは禁物です。

「自由」という考えに関心を払ってください。すぐにあなたの意識のなかに「自由」という言葉が刻み込まれていきます。すぐに前向きな気持ちになり、あなたの生理が自然と変わっていき、この生理の変化があなたの人生経験をひとりでに変えていくでしょう。

統一場のもつ性質を身につけるためのふたつ目の方法は、じかに統一場を体験することです。そのために利用するのが瞑想です。

瞑想することで、あなたは雑念を払い、超越意識に踏み込めるようになります。この超越意識が統一場です。そこで純粋な知覚、純粋な意識の状態になれるのです。

どんな文化にも、瞑想の伝統があります。わたし自身は、定期的にマハリシ・マヘーシュ・ヨーギーの超越瞑想を実践し、統一場の体験を得ています。

瞑想の効果を証明してくれる、数多くの科学的研究があります。瞑想すると、血圧が下がり、ストレスが軽減され、基礎代謝率が下がり、不眠、不安など多くの心身医学の障害が、軽減され、取り除かれていきます。さらに、脳波が安定していき、集中力、創造力、学習能力、記憶力も増えていきます。

また、瞑想の効果は、日常の活動にも及んでいき、すぐに自分の活動のなかに統一場の特徴が現れてきます。

統一場に溶け込むことで、統一場のもつすべての特徴が身についてくるようになります。

『ヴェーダ』の文献では、統一場はブラフマンと呼ばれています。サンスクリットには「ブラフマンを知れば知るほど、人はブラフマンに近づく」"Brahmavit brahmaiv bhavate" という言葉があります。ですから、日常の意識を超越する体験は、非常に役に立つ手段となるのです。統一場の特徴を実際に経験し理解するだけではなく、日常生活のあらゆる活動で、その価値を表現できるようになれるのですから。

本書では、自然の働きをほんとうに理解することで、富の意識を身につける手段を説明してきました。

作家オスカー・ワイルドはかつてこう述べています。「わたしが若いころは、お金が人生でもっとも大切なものだと考えていたものだ。年をとって、わたしはこれが真実であることに気づいた」

ワイルドが冗談でいっているのは明らかです。しかし、「お金」を「豊かさ」に置き換えたなら、この言葉が真実であることがわかるでしょう。

豊かさにはお金も含まれていますが、けっしてお金だけのことではありません。豊かさとは、宇宙のもつ豊かさ、流れ、寛大さでもあります。

わたしたちは、自分のいだく願望をこの宇宙ですべて実現させせなくてはなりません。なぜなら、先に述べたように、願望をいだくことによって、すでに備わっているその願望を実現する仕組みが働き出すからです。

宇宙は大きな夢を創り出すマシーンで、夢を次々に生み出しては、実現していきます。個人の夢は宇宙全体の計画にしっかり織り込まれていきます。このような夢を実現するための仕組みは、最初、古代インドでは知識の力（gyan shakti）や意志（願望）の力（iccha shakti）のなかに含まれています。しかし、知識の力と意志の力は、超越する力（atma shakti）のなかで無限の力と可能性を見つけ出します。本来の「自己」がもつ超越する力とは、ブラフマン＊訳註②の力です。そしてここに、宇宙のもつ無限の組織化能力が存在しているのです。

『ヴェーダ』では、「そのひとつを知ることで、ほかのすべてを知ることができる」といわれています。あなたの心のもっとも奥底には、知識の女神と富の女神がすんでいることに気づいてください。ふたりを愛し、育ててやれば、あなたがいだくすべての願望は自然と花開き、かなえられることでしょう。なぜなら、このふたりの女神がいだいている願望はたったひとつ、自分たちを心のなかから引き出して、現実の舞踏会にデビューさせてもらうことなのですから。

＊訳註①……現代物理学で存在が証明されている4つの力である「万有引力」「電磁力」「強い力」「弱い力」は、宇宙創生期においては同一のものであったとされている。

＊訳註②……宇宙の魂であるブラフマンは、個々人の魂を含むすべての存在に浸透していると考えられている。

より豊かな人生を
手に入れるための
AからZのステップ

A

ALL POSSIBILITIES,ABSOLUTE,AUTHORITY,
AFFLUENCE, ABUNDANCE.

——あらゆる可能性、絶対性、権威、豊饒《ほうじょう》さ、豊かさ。

B

BETTER AND BEST.

——よりよく、最高に。

C

CAREFREENESS AND CHARITY.

——不安からの解放と慈善。

D

DEMAND AND SUPPLY, DHARMA.

——需要と供給、ダルマ。

E

EXULTING IN THE SUCCESS OF OTHERS,
EXPECTING THE BEST.

――他人の成功を喜び、最高のことを期待する。

F

FAILURE CONTAINS THE SEED OF SUCCESS.

——失敗には成功の種が含まれている。

G

GRATITUDE, GENEROSITY, GOD, GAP, GOAL.

——感謝、寛大さ、神、無心、目標。

H

HAPPINESS AND HUMANITY.

——幸福と人間性。

I

INTENT OR INTENTION.

——意志または意図。

J

JUDGEMENT IS UNNECESSARY.

——判断は必要ない。

K

KNOWLEDGE CONTAINS ORGANIZING POWER.

——知識には組織化する力が含まれている。

L

LOVE AND LUXURY.

——愛情と贅沢《ぜいたく》。

M

MAKING MONEY FOR OTHERS, MOTIVATING OTHERS.

——他人のためにお金を儲け、他人にやる気を起こさせる。

N

SAYING NO TO NEGATIVITY.

——否定的な考えにノーという。

O

LIFE IS THE COEXISTENCE OF OPPOSITES,
OPPORTUNITY, OPEN AND HONEST COMMUNICATION.

——人生にはあらゆる対立するものが共存している。
チャンスおよび率直で誠実な意思の疎通の重要性。

P

PURPOSE IN LIFE, PURE POTENTIALITY.

——人生の意味、純粋な潜在性。

Q

TO QUESTION.

——疑問を呈すること。

R

RECEIVING IS AS NECESSARY AS GIVING.

——受け取ることは与えることと同じくらい必要である。

S

SPENDING AND SERVICE.

——支出と奉仕。

T

TRANSCENDENCE, TIMELESS AWARENESS,
TALENT BANK, TITHING.

――超越、時間を超越した知覚、才能の銀行、10分の1税。

U

UNDERSTANDING THE UNITY BEHIND ALL DIVERSITY.

——あらゆる多様性の背後に存在している統一を理解する。

V

VALUES.

——価値。

W

WEALTH CONSCIOUSNESS WITHOUT WORRIES.

——不安のない富の意識。

X

EXPRESSING HONEST APPRECIATION AND THANKS TO ALL WHO HELP US.

——自分を助けてくれるすべての人に、
心からの感謝の気持ちを表す。

Y

YOUTHFUL VIGOR.

——若々しい活力。

Z

ZEST FOR LIFE.

——人生に対する情熱。

統一場がもつ25の特徴

1
あらゆる自然法則を生み出す基盤

2
無限の組織化能力

3

内側はしっかり目覚めている

4

無限の相互関連性

5

完璧な秩序

6

無限の活力

7

無限の創造力

8

純粋な知識

9

境界のなさ

10

完璧なバランス

11

自給充足

12

あらゆる可能性

13

無限の沈黙

14

調和

15 進化

16 自己照会

17 無敵

18 不滅

19 姿を見せない

20 育てる

21 結びつける

22 単純さ

23 清める

24 自由

25 至福

豊饒《ほうじょう》で、無限で、富んでいるのが
わたしたちの本来の状態である。
わたしたちは、すでに知っているその真実を
思い出しさえすればいいのだ。

訳者あとがき

ディーパック・チョプラ氏は、アメリカのスピリチュアル・リーダーとして大活躍している人物であり、数多くのベストセラーを世に送り出してきました。わたしの訳書であるサンマーク出版刊『迷ったときは運命を信じなさい』も好評で、多くの読者から温かいご意見をいただきました。

さて、本書『この瞬間どこからでも、あなたの望む富はやってくる。』は、チョプラ氏の考えをもっともわかりやすく伝えてくれている一冊です。一読して、まさに日本の読者に最適の本だと、直感しました。

本書のテーマは富です。しかし、富といっても、お金儲けの能力のことだけをいっているわけではありません。ただお金を稼ごうとしているだけでは、かえって富は逃げていってしまうものなのです。チョプラ氏は「富の意識」を身につけなくてはならない、といっています。それは富を追い求めるのではなく、富が自然に自分にひきつけられる心の状態を創り上げることをいいます。しかも、この意識こそ本来の人間らしい心のあり方なのです。

本書では「富の意識」を身につけるための26の手段が、AからZのアルファベット順に解説されています。なかには、あなたが今いだいている意識の状態とは相反するものがあるかもしれません。たとえば、Eの項目にはExulting in the Success of Others.（他人の成功を喜びなさい）とあります。そして、とりわけ自分のライバルや敵だと思っている人の成功を心から喜んであげることが大切だと。短期的な利益を追求するのではなく、長い人生でほんとうに成功していくための本質がここにずばり言い当てられています。

なぜ、富を求めながら、富とは縁遠い生活を送っているのか？　それは富が逃げていってしまう心の状態を創り上げてきてしまったことが原因です。わたしたちはほんとうの「富の意識」を身につけることで、物質的な幸福はもちろん、心の平安を手に入れ、他人をも幸せにしていくことができます。

今までのエゴに支配された心から解放され、ほんとうの意味での豊かさをあなたが手に入れられることを心から願っています。

最後に、本書の翻訳にあたり、たくさんの貴重な助言をいただきました、サンマーク出版の佐藤理恵さんに心より感謝いたします。

住友　進

本書は、二〇〇七年に小社から刊行された『富と宇宙と心の法則』を改題し、
表記、表現などを一部改訂したものです。

サンマーク文庫

この瞬間どこからでも、あなたの望む富はやってくる。

2014年9月20日　初版発行
2016年11月30日　第2刷発行

著者　ディーパック・チョプラ
訳者　住友 進
発行人　植木宣隆
発行所　株式会社サンマーク出版
東京都新宿区高田馬場2-16-11
電話 03-5272-3166

フォーマットデザイン　重原 隆
本文DTP　山中 央
印刷　共同印刷株式会社
製本　株式会社若林製本工場

落丁・乱丁本はお取り替えいたします。
定価はカバーに表示してあります。
ISBN978-4-7631-6052-2　C0130

ホームページ　http://www.sunmark.co.jp
携帯サイト　http://www.sunmark.jp

好評既刊

サンマーク文庫

※価格はいずれも本体価格です。

水は答えを知っている

江本 勝

氷結写真が教えてくれる、宇宙のしくみ、人の生き方。世界31か国で話題のロングセラー。

705円

水は答えを知っている②

江本 勝

結晶が奏でる癒しと祈りのメロディ。シリーズ国内40万部、全世界で180万部のロングベストセラーの続編。

743円

もう、不満は言わない

W・ボウエン
高橋由紀子＝訳

21日間不平不満を言わなければ、すべてが思いどおりに！ 全世界で980万人の人生を変えた秘密。

700円

もう、不満は言わない【人間関係編】

W・ボウエン
高橋由紀子＝訳

全世界106か国で980万人の人生を変えた世界的ベストセラー・シリーズ第二弾！

720円

見るだけで運がよくなる「聖なる絵本」

エレマリア

天使・妖精・ペガサス・ユニコーン……絵を見るだけで「聖なる存在たち」があなたと共鳴し、祝福します。

940円